Plástico

SEU PASSADO, PRESENTE E FUTURO

Eun-joo Kim

Ilustrações de
Ji-won Lee

Tradução de
Ana Luisa Astiz

1ª edição
2021

Na noite de 10 de janeiro de 1992, um navio enfrentou uma forte tempestade a oeste do Oceano Pacífico. Ondas imensas golpearam seu casco. Contêineres que estavam no convés caíram no mar e milhares de brinquedos de banheira saíram boiando.

Por um momento, o mar agitado virou uma banheira gigante. Naquele dia, o patinho, a tartaruga, o castor e o sapo de plástico começaram uma longa jornada pelo oceano.

Dez meses após o incidente, dúzias de brinquedos foram encontrados perto da costa do Alasca. Eles boiaram por milhares de quilômetros pelo Oceano Pacífico.

Alguns desbotaram e perderam suas cores por causa da ação do Sol e da água do mar, mas ainda eram brinquedos. Muitos foram encontrados depois ao longo costa oeste dos Estados Unidos.

Na verdade, apareceram brinquedos em praias do mundo todo. Alguns acabaram no Ártico e congelaram. Outros boiaram em direção ao Oceano Atlântico e foram dar na Escócia. Embora tenham percorrido milhares e milhares de quilômetros, pouco se desgastaram. Como isso é possível?

Eles eram feitos de plástico, que é leve, não quebra nem se desgasta facilmente. Foi por isso que os brinquedos boiaram na água e percorreram distâncias tão grandes, levados pelo vento e pelas correntes marítimas. Sua forma não mudou, mesmo passando por ondas grandes.

O que teria acontecido se os brinquedos tivessem sido fabricados com outros materiais?

Se fossem feitos de madeira, teriam encharcado e depois se desintegrariam facilmente.

Há muitas outras coisas feitas de plástico além de brinquedos. Você pode identificá-las facilmente, é só olhar ao seu redor. Na verdade, é até difícil passar o dia sem usar nada de plástico.

Vamos dar uma volta por essa casa e observar outros objetos que podem ser feitos com esse material?

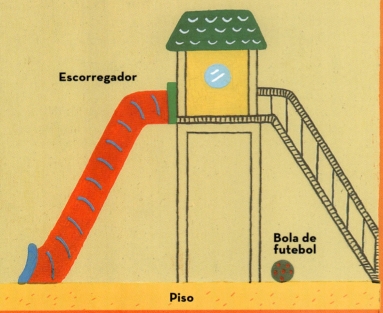

Por que existem tantos objetos de plástico?

A razão é que esse material pode ser moldado em qualquer formato. Quando aquecido, ele amolece e adquire a forma que desejarmos e, quando esfria, mantém as características. O plástico é derretido nas fábricas para produzir os mais diversos objetos.

VASO PARA PLANTAS

O plástico derretido é derramado em um molde, prensado e adquire sua forma.

Vaso de plástico pronto.

PATO DE PLÁSTICO

O plástico derretido é colocado dentro de um molde. Soprado, a superfície gruda no molde e o interior fica oco. Depois, é retirado.

O resultado é o pato de plástico prontinho.

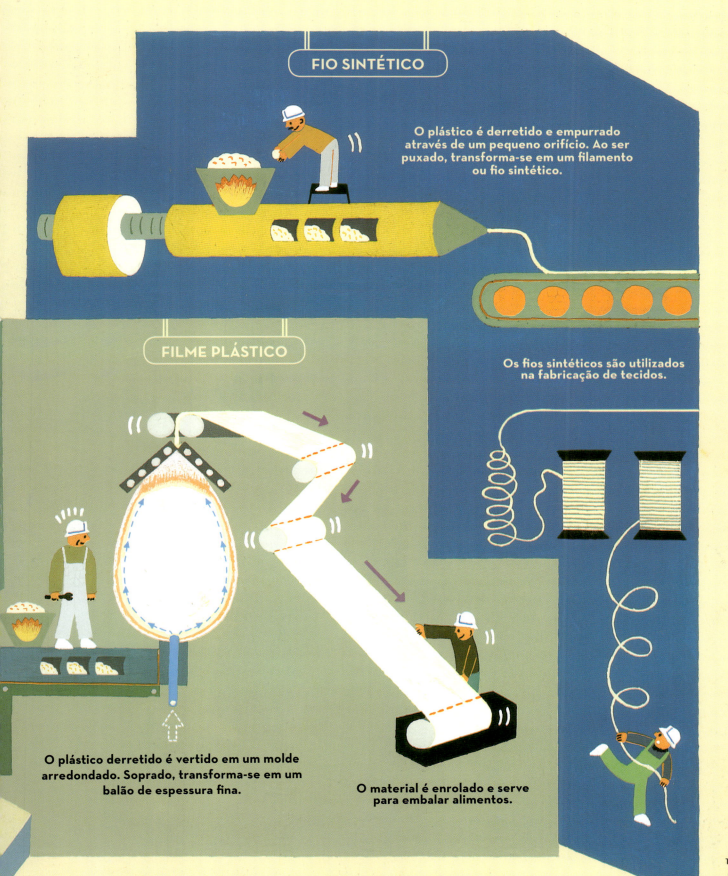

Em geral, os plásticos são fabricados a partir de petróleo. É possível produzir diferentes tipos de plástico usando uma substância chamada nafta, extraída do petróleo. As diferentes características dos plásticos permitem fabricar produtos para usos diversos. Plásticos que não mudam de forma quando aquecidos servem para fazer cabos de panela, por exemplo. Plásticos flexíveis servem para fazer objetos como embalagens de *ketchup*.

O petróleo pode ser aquecido a diferentes temperaturas para obtenção de diferentes substâncias.

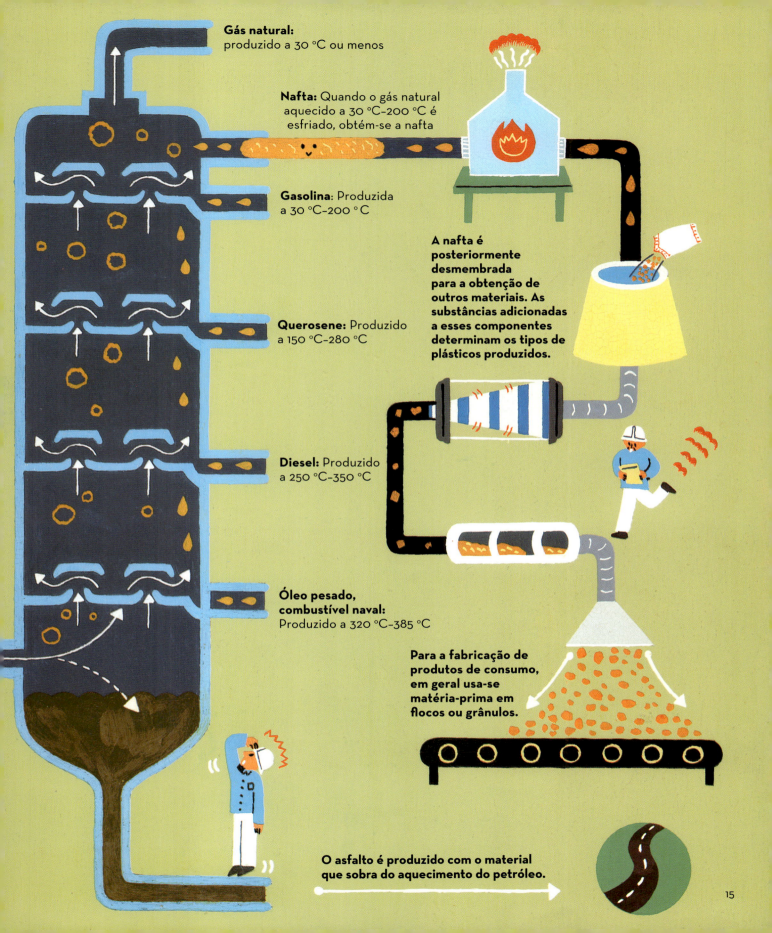

O supermercado está repleto de produtos em embalagens plásticas. O plástico é leve e resistente, fácil de carregar e de transportar.

Uma garrafa plástica de 1,5 litro, por exemplo, pesa cerca de 30 gramas, enquanto uma garrafa semelhante de vidro pesa 500 gramas. Além de ser mais leve que uma de vidro, a garrafa plástica não quebra facilmente.

Os carros ficaram mais leves quando certas partes de metal foram trocadas por equivalentes de plástico. Aviões e naves espaciais também ficaram mais leves com componentes plásticos. Ao gastar menos combustível, podem voar por mais tempo. O uso do plástico ajuda a economizar energia.

Você sabia que tratamentos de saúde ficaram mais seguros por causa do plástico?

No passado, as seringas eram de vidro. Eram esterilizadas depois do uso e usadas muitas vezes. Quando a esterilização não era bem feita, os germes sobreviviam e as contaminavam. Atualmente isso não acontece: as seringas são feitas de plástico e descartadas após o uso.

Luvas descartáveis, embalagens de remédios e tubos também são feitos de plástico.

ANOS 1950

O plástico também é usado em instrumentos e equipamentos para realizar exames.

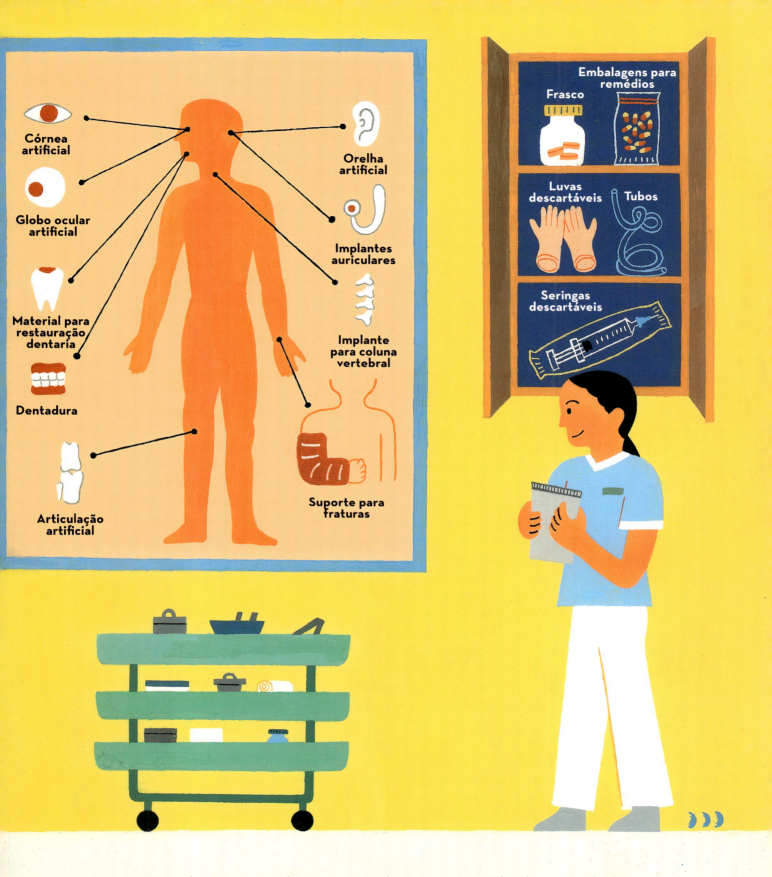

Percebe como o plástico contribui para a saúde das pessoas?

Mas quando o plástico foi inventado?
No final da década de 1860, foi inventado um plástico chamado celuloide. Procurava-se um material barato para fazer bolas de bilhar, que até então eram feitas de presas de elefante, o que as tornava um produto caro. Além disso, para obtê-las, era preciso matar os animais.
Em 1907, foi inventada a baquelite, um plástico à base de petróleo.
Posteriormente surgiram mais tipos de plástico, como o náilon e o PET, entre outros. Baratos e fáceis de produzir, popularizaram-se e substituíram não só as presas de elefante, mas também materiais como madeira, vidro, pedra, metal, borracha e tecido.

1869

Celuloide, a nova substância que salvou a vida de elefantes.

As fábricas aumentaram a produção de objetos de plástico e as pessoas puderam comprar coisas que antes eram muito caras. Nos últimos 50 anos, o uso dessa matéria-prima aumentou 20 vezes.

Em 2014, consumiamos cerca de 300 milhões de toneladas por ano em todo o mundo, incluindo algo em torno de um trilhão de sacolas plásticas.
Isso equivale a quase dois milhões de unidades consumidas por minuto.

Máquina de refrigerantes automática

Consumimos e jogamos fora muito plástico. Mas para onde vai tudo isso? Uma parte é reciclada, mas, em geral, o descarte é incinerado ou enterrado em aterros sanitários.

A incineração, porém, produz substâncias nocivas às pessoas, aos animais e às plantas. Algumas das toxinas produzidas nessa queima podem provocar alguns tipos de câncer nos seres humanos.

Usina de incineração

O lixo em geral depositado nos aterros sanitários se decompõe naturalmente. Já o plástico, pode levar centenas de anos para se decompor.

A resistência e a durabilidade são uma qualidade do material, mas também podem causar um grande problema ambiental.

Aterro

Papel: 2-5 meses

Algodão: 1 ano

Couro: 25-50 anos

Ferro: mais de 100 anos

Plástico: Centenas de anos

Cerca de oito milhões de toneladas de plástico descartado chegam, anualmente, aos oceanos, levadas pelas águas que correm da terra em direção ao mar. Empurrado pelo vento, o plástico flutua pelo mundo como os brinquedos de banheira que vimos no começo deste livro.

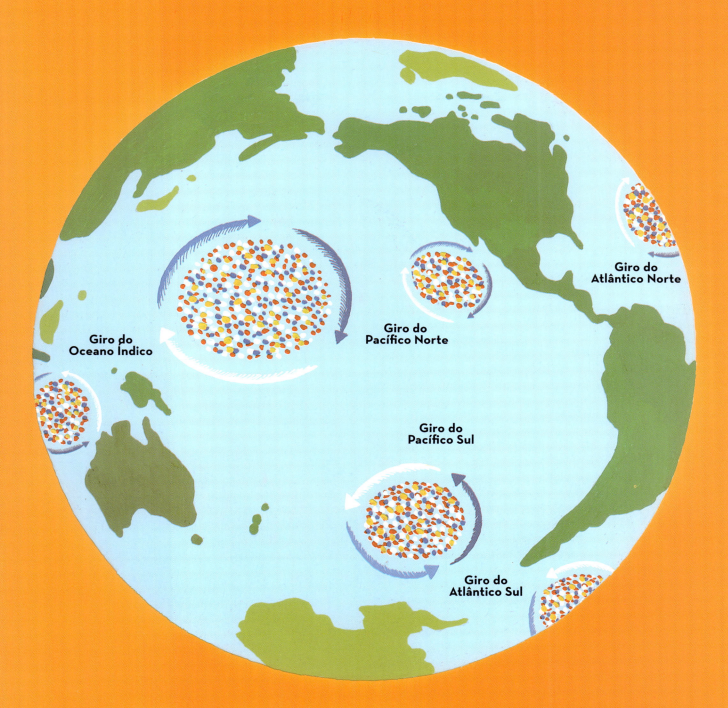

O plástico migra para certas regiões dos oceanos onde as correntes formam redemoinhos. São ilhas imensas à deriva, compostas de garrafas, sacolas, escovas de dente, tampas, brinquedos, bobinas, redes e muitos outros objetos. A ilha de lixo do Pacífico Norte tem o tamanho da França, Espanha e Alemanha juntas. Há outras mais espalhadas pelos oceanos.

O lixo plástico é uma ameaça à vida nos oceanos. As tartarugas marinhas comem sacolas achando que são águas-vivas e depois morrem de fome lentamente. As focas se machucam quando nadam entre redes de pesca abandonadas e, às vezes, ficam presas entre elas, até morrer.

Uma albatroz pode alimentar seus filhotes com pequenos pedaços de plástico, que ela confunde com camarões. Com o estômago cheio desses fragmentos, os pequeninos acabam morrendo também.

Até os peixes podem acabar com o estômago repleto de fragmentos de plástico.
Mas, de onde eles vêm?
O lixo plástico sofre o impacto das ondas e resseca sob o sol. Com o tempo, ele se reduz a partículas do tamanho de grãos de areia ou até menores, visíveis apenas através de um microscópio. Essas partículas são chamadas de microplástico e, quando engolidas, acumulam-se no organismo dos animais marinhos, intoxicando-os. Isso faz os filhotes crescerem menos e se movimentarem mais devagar.

O que fazer em relação ao lixo plástico? O melhor e mais óbvio é usar menos ou nenhum plástico no dia a dia, embora isso possa ser um pouco incômodo. Em Ruanda, um país da África Central, é ilegal usar sacolas plásticas. Na hora das compras, as pessoas usam cestas ou sacos de papel. Nos aeroportos, turistas de outros países são obrigados a entregar quaisquer sacolas plásticas que estejam carregando.

Na cidade de São Francisco, na Califórnia (Costa Oeste dos Estados Unidos), é proibido vender garrafas de água em escolas e locais públicos, para reduzir o consumo de plástico. Para que as pessoas possam se hidratar, foram instalados bebedouros na cidade.

Se usarmos plástico, é preciso reciclá-lo. Na Dinamarca existem máquinas que recolhem garrafas vazias. Quando você coloca uma embalagem usada em uma dessas máquinas, recebe de volta o valor que foi cobrado antes, na compra. Graças a esse mecanismo, a maior parte das garrafas plásticas consumidas no país é reciclada.

No entanto, é difícil resolver o problema do lixo plástico apenas com a reciclagem. Alguns itens não podem ser reciclados e, os que podem, tendem a perder a qualidade se passarem pelo processo muitas vezes. Além disso, reciclagem consome tempo e requer dinheiro. Cientistas e outros especialistas pesquisam novas maneiras de resolver esse problema.

Há várias pesquisas em andamento sobre como decompor o plástico utilizando bactérias e como torná-lo biodegradável.

Podemos produzir petróleo a partir do plástico que vai para o lixo, que se transforma em um recurso.

O plástico tornou nossa vida mais confortável. No entanto, criamos poluição ambiental ao usá-lo. Precisamos consumir menos plástico, com mais sabedoria. O que podemos fazer?

Título original: 쓸까, 말까? 플라스틱 (*Plastics, Their Past, Present and Future*)
Escrito por Eun-joo Kim.
Ilustrado por Ji-won Lee.
Copyright © Woongjin ThinkBig Co., Ltd., 2017.
Todos os direitos reservados.
Esta edição em língua portuguesa foi publicada pela Editora Moderna Ltda. em 2020 mediante acordo com a Woongjin ThinkBig Co. por intermédio da Base tres (www.base-tres.com).

DIREÇÃO EDITORIAL	Maristela Petrili de Almeida Leite
COORDENAÇÃO DE EDIÇÃO DE TEXTO	Marília Mendes
EDIÇÃO DE TEXTO	Lisabeth Bansi, Patrícia Capano Sanchez, Ana Caroline Eden, Thiago Teixeira Lopes
TRADUÇÃO	Ana Luisa Astiz
COORDENAÇÃO DE EDIÇÃO DE ARTE	Camila Fiorenza
DIAGRAMAÇÃO	Isabela Jordani
ILUSTRAÇÃO DE CAPA E MIOLO	Ji-won Lee
COORDENAÇÃO DE REVISÃO	Elaine Cristina del Nero
REVISÃO	Nair Hitomi Kayo
COORDENAÇÃO DE *BUREAU*	Rubens M. Rodrigues
PRÉ-IMPRESSÃO	Everton Luís de Oliveira Silva, Vitória Sousa
COORDENAÇÃO DE PRODUÇÃO INDUSTRIAL	Wendell Jim C. Monteiro
IMPRESSÃO E ACABAMENTO	PlenaPrint
LOTE	294078/294079

Dados Internacionais de Catalogação na Publicação (CIP)
(Câmara Brasileira do Livro, SP, Brasil)

Kim, Eun-joo
   Plástico: seu passado, presente e futuro / Eun-joo Kim ; ilustrações de Ji-won Lee ; tradução de Ana Luisa Astiz. – 1. ed. – São Paulo : Moderna, 2021.

Título original: Plastic : past, present, and future
ISBN 978-65-5779-469-2

1. Plásticos - Aspectos ambientais 2. Plásticos - Reciclagem (Ensino fundamental) 3. Resíduos plásticos I. Lee, Ji-won. II. Título.

20-40510   CDD-028.5

Índices para catálogo sistemático:

1. Plásticos : Reciclagem : Ensino fundamental 372.357

Cibele Maria Dias - Bibliotecária - CRB-8/9427

Reprodução proibida. Art.184 do Código Penal e Lei 9.610 de 19 de fevereiro de 1998.
Todos os direitos reservados.

Editora Moderna Ltda.
Rua Padre Adelino, 758 – Belenzinho
São Paulo – SP – CEP: 03303-904
Central de atendimento: (11)2790-1300
www.modernaliteratura.com.br
Impresso no Brasil
2021

LEITURA EM FAMÍLIA
Dicas para ler
com as crianças!

www.modernaliteratura.com.br/
leituraemfamilia